Burkhard Bauer

Federn meiner Flügel von gestern

Burkhard Bauer, Jahrgang 1969, Lebensstationen in Wunsiedel/Fichtelgebirge, München, Salamanca, Würzburg, Tübingen und Sevilla.

Bibliografische Information der Deutschen Nationalbibliothek:
Die Deutsche Nationalbibliothek verzeichnet diese Publikation in der Deutschen
Nationalbibliografie; detaillierte bibliografische Daten sind im Internet über
www.dnb.de abrufbar.

Copyright © 2014 Burkhard Bauer

Alle Rechte vorbehalten, insbesondere das der Übersetzung und des öffentlichen Vortrags, einschließlich der Übertragung durch Rundfunk, Fernsehen, Internet oder andere Medien, auch einzelner Teile. Kein Teil des Werkes darf in irgendeiner Form, durch Fotografie und abgeleitete Verfahren, Mikrofilm oder sonstige technische Prozesse, ohne vorherige schriftliche Genehmigung des Rechteinhabers reproduziert oder unter Verwendung jedweder konventioneller oder elektronischer Systeme verbreitet werden, einschließlich Hörbuch, E-Book oder sonstiger Datenträger.

Herstellung und Verlag:
BoD – Books on Demand, Norderstedt
Printed in Germany

ISBN 978-3-7386-0857-1

*Unsere ältesten Werke sind in Wahrheit
unsere jüngsten Werke; denn wir waren
jung, als wir sie schufen.*

Die vorliegenden Texte entstanden zwischen
1986 und 1993. Für dieses Bändchen wurden sie
vom Autor noch einmal neu durchgesehen.

Sevilla, im Oktober 2014

Augenzeugen

Wir stehen am Fluss
und warten.

Irgendwann ein Schiff.
Irgendwo ein Riff.
Holz birst entzwei,
ein Hilfeschrei – .

Was kümmert's uns?
Wir sind so frei
und rufen:
Auf zu neuen Ufern!
Auf zu neuen Fahrten!

Wir stehen am Fluss
und warten.

Diese Stadt ist eine Lüge

In irgendeiner dieser letzten Gassen
hat sich die Zeit verkrochen
um zu sterben
endlich
heute Nacht.

Zwischen den Häuserblöcken
ersticken
die paar alten Kirchen.
Hie und da
spült die Geschäftigkeit einen von ihnen heran.
Der
tastet hinein
hoffnungsvoll taumelnd –

doch im Blitzlichtstakkato der Kameras
erstarren die Züge der Heiligenfiguren
zu Fratzen.
Götter aus Plastik
täuschen diejenigen
die den alten Gott getäuscht haben.

Bücher
schreien aus den Pfützen.
Die sie weggeworfen haben
vermuten die Freiheit irgendwo
hinter den Kanaldeckeln
die gierig
das Geschriebene verschlingen.

Vis-à-vis

Sie stehen sich
gegenüber

Der eine alt
und weise

Erfahren

Hat
aus seiner Erfahrung
gelernt
Dass man sich
manchmal abfinden muss
Dass man Unrecht
manchmal
nicht verhindern kann

Hat er gelernt?
Aufgegeben?

Der eine alt
und leise

Der andre jung
und ungestüm

Voll Hoffnung

Schöpft
aus seiner Hoffnung
Kraft
Abgewiesen manchmal
doch niemals
abgefunden
Will Unrecht verhindern
jedesmal

Hat noch nicht gelernt
Macht weiter

Der andre jung
und unverblümt

Der eine alt
und weise

Mit Einsicht
um etwas zu tun
etwas
das alles verändert

Doch viel zu alt
und leise

Der andre jung
und ungestüm

Mit Drang
um vieles zu tun
vieles
das nichts verändert

Zu jung und
unverblümt

Bilanz einer Anfrage

Ich fragte den Vogel,
was Leben wohl heißt –
als Antwort begann er zu fliegen.

Lang sah ich ihm nach, bis
er fernhin entschwand,
um frei durch die Freiheit zu schweben.

Da dacht' ich: ich kenne
ein dümmeres Tier,
voll Neid, voller Gier und voll Lügen.

Das analysiert und
beweist hin und her –
vergisst
      dabei
           zu leben.

Das Warten

Unfehlbar
quält düstere Ungewissheit die
sommerluftleichte Gelassenheit.

Der Anblick geometrischer Vesperhappen
schmerzt das
tote Auge:
Quadratisierte Käsbrötchen,
parallele Südfrüchte...

Grelle Schatten würgen
ergeben die Schalen hinab und
herauf –
sie sind gerichtet.

Dankbar
vollstrecken die Todgeweihten
das Urteil selbst.

Die blanken Splitter der Körper
zerfließen,
wie auch die Geister, die
balgend die richtige
These zum falschen
Ziel erdacht.

Deren Augen aber
werden wundgeschlagen sein
vom gierigen Aufsaugen der
Leiber.

Vorgestern
hat ein Entrückter die
Sonne
ertränkt
ins Meer, das verdampfte
und endlich dem Land den
ersehnten, todbringenden
letzten Regen bescherte.

Es zerrt der Sturm, es
reißt die Sehnsucht entartende
Seelen
in Fetzen
in mondtrunkner Bläue der Nacht.

Feuchtigkeit umspült die
Glieder der
Endgültigen.
Mauern
starren kalt schweigend im Chor,
bis der erste kapituliert.

Einigkeit –

auch unter den Experten:
was morgen werden würde, wäre
berichtenswert – .

Raum suggeriert Wirklichkeit,
Farbe verkrampft sich zu Form,
das allgegenwärtige Nichts
taucht
enthusiastisch
die Welt in
gleißendes
Wohin?

In die Einsamkeit

Er wollte immer
ein starker Mann sein.
Darum schloss er sich,
wenn er traurig war,
in sein Zimmer ein
und weinte,
weinte ganz allein.

Es machte ihn stark.
Es brachte ihm Kraft und
es machte ihn hart.

Jetzt ist er reich
an Einfluss
und an teuren Sachen,
und was er machen will,
kann er auch machen.

Er weinte,
weinte ganz allein.
Jetzt will auch keiner
mit ihm lachen.

Die Geschichte vom hinterlistigen Finken

Einst war ein mieses Tier,
Das jeden Tag voll Gier
Ein Bier trank, so um vier.

Da kam ein dürstend Fink
Herbeigezischt ganz flink.

Da er gar furchtbar stank,
Das Tier ins Bierglas sank
Und jämmerlich ertrank.

Jetzt die Moral: Das Miese
Besiegt allein der Fiese.

innovation

ein tattriger greis
– man nannte ihn gott –
herrschte über seine kinder
großartig
herrlich

da war er
auf dauer
recht schwächlich

und traurigkeit heuchelnd
trug man ihn zu grabe

ein mehliges nichts
– man nannte es schicksal –
ließ die puppen hilflos tanzen
willkürlich
grausam

da war es
auf dauer
bedrohlich

um ruhe zu haben
schlug man es in stücke

ein praktisches etwas
- man nannte es ratio -
half gar manches zu verfechten
vielfältig
spaßig

da war es
auf dauer
mühselig

um kräfte zu schonen
schob man es beiseite

ein winziger mensch
- von sich überzeugt -
wähnt sich groß und klug und wichtig
unerreicht
gottgleich

doch ist er
auf dauer
vergänglich

und bald schon vergessen
trägt man ihn zu grabe

drängt zu

auf den mauern
auf den zinnen
siede die flut und
der sturm brause heran!
es wird uns just nicht kümmern:

zu sehr geschlagen
sind die buckel
zu sehr getreten
die visagen
zu sehr zermalmt
der mensch

in uns
keimt umkehr

draußen
brause was will, und sturm

halbschlaf

worte
zerfallen in wörter
zerfallen in bilder

die zündende
 rettende idee

vernebelt
verweht
vergessen

für immer verloren
am kommenden morgen

Ich erschlug eine Fliege
Ein Geständnis

Ich werde reden. Ich werde schweigen. Noch weiß ich es nicht. Vielleicht werde ich reden müssen, es bleibt mir keine Wahl, vielleicht bin ich stark genug, selbst zu entscheiden. Ich möchte nicht reden. Ich möchte schweigen. Ich möchte reden, aber nicht mit diesen Leuten. Ich werde schweigen.

Ich wurde beobachtet. Ich muss beobachtet worden sein. Wäre ich nicht beobachtet worden, wüssten sie es nicht. Also wurde ich beobachtet. Ich weiß nicht von wem. Ich habe niemanden gesehen. Sie werden mir den Zeugen nennen, überraschend, gänzlich überraschend, ich werde ihn kennen, vielleicht gut kennen, ein Nachbar, ein Freund, ein Verwandter. Oder sie werden mir keinen Zeugen nennen. Aber ich wurde beobachtet.

Weil ich beobachtet wurde, bin ich schuldig. Wäre ich nicht beobachtet worden, wäre ich nicht schuldig: niemand hätte mich denunziert, niemand würde mich beschuldigen, also wäre ich ohne Schuld. Nicht ohne schlechtes Gewissen, aber doch ohne Schuld. Unbeobachtet sein heißt unschuldig sein. Doch ich wurde beobachtet.

Ich erschlug eine Fliege. Nicht mehr, aber auch nicht weniger. Eine Fliege. Zufällig und plötzlich. Wäre die Fliege nicht gekommen, ich wäre ohne Schuld, da ich sie nicht erschlagen hätte, da ich sie nicht erschlagen hätte können. So aber muss ich mich stellen. Denn ich erschlug eine Fliege.

Es war kein Zufall, dass ich beim Erschlagen der Fliege beobachtet wurde. Gewiss nicht. Gewiss wurde ich schon über längere Zeit beobachtet und verfolgt, unscheinbar und unablässig. Oder sie haben sogar dafür gesorgt, dass die Fliege kam. Gewiss haben sie dafür gesorgt, sie haben es eingefädelt. Da war es natürlich ein Leichtes für sie, mich zu beobachten. Sie wussten ja, wann die Fliege vorübersurren würde, wo sie vorübersurren würde. Es war kein Zufall.

Ich hätte die Fliege ja gar nicht erschlagen. Ich wäre zu langsam gewesen. Ich hätte die Fliege ja gar nicht erschlagen können, mit meiner Hand wäre ich zu langsam gewesen. Aber ich hatte die Patsche. Ich erschlug die Fliege mit der Patsche, die da auf einmal war. Jetzt ist es klar, ganz klar, Zufall scheidet aus, es war ein Komplott: Die Fliege, die Patsche, der Zeuge. Jetzt ist es mir klar.

Sie sagen, ich erschlug eine Fliege. Mit einer Patsche, also Vorsatz, sagen sie. Keine mildernden Umstände, glatter Vorsatz. Doch ich erschlug die Fliege nicht. Nicht ich, sondern sie erschlugen die Fliege. Sie erschlugen die Fliege durch mich, glatter Vorsatz, und ich bin unschuldig. Jeder andere hätte gehandelt wie ich, hätte handeln müssen wie ich. Ein jeder. Ich erschlug keine Fliege!

Man wird mir nicht glauben. Die Richter werden ja die Täter sein. Also ist es aussichtslos. Man wird mir nicht glauben.

Ich werde nicht reden, ich werde schweigen, oder ich werde reden müssen, noch weiß ich es nicht. Ich werde einen letzten Wunsch äußern: Ich wünsche mir eine besonders originelle Form der Urteilsvollstreckung. Den letzten Wunsch muss man mir erfüllen, das verlangt die Tradition. Und so werden sie, eigens für mich, eine große Patsche bauen, eine sehr große Patsche aus Holz werde sie bauen müssen. Unter die schräggestellte Patsche werde ich mich begeben und selber die Stütze wegziehen. Sobald ich tot sein werde, erschlagen, zerdrückt, werde ich rufen: Seht her! Ihr irrtet nicht! Seht her: Ich erschlug eine Fliege.

neurose

jeden tag
male ich
eine rose

ich muss
tag für tag
eine rose malen

das ist tagtäglich
eine rose,
die ich malen muss

ich *muss* malen,
jeden tag
eine rose

malen muss ich,
eine rose,
tag für tag

rose –
malen –
jeden tag für tagtäglich

eine neue rose

ich muss!

Wanderer durch die Nacht

Endlich
ist es Nacht

Draußen
hinter den Häusern erst
finde ich mich wieder

Der kühle Wind
spielt mit Gedanken
und mit dem Laub der Bäume
dessen Rauschen
der Meeresbrandung gleicht

Menschen
gehen im Geiste vorüber
Menschen, denen ich nahe sein möchte
Gerne hielt ich sie fest –

doch welkt die Erinnerung
wie eine Blume
die man unverhofft findet
und mitnehmen möchte
und durch das Ausreißen tötet

Es steigt mein Blick
nach oben
unfassbar hoch empor

Dort jenseits des Himmels
leuchten jahrmilliarden alte Lichter

Meine Augen gleiten von Stern zu Stern
hinab zum Horizont
und schweben durch die weichen Hügel
und über das Feld
auf den Weg

Hier stehe ich
ein Windhauch im Sturm der Ewigkeit
ein kurzer Funke in der unendlichen Zeit
und, ehe zu Ende gedacht –
schon wieder verglühend

und schlugen ihm den kopf ab
nach erich fried

sie schlugen ihm den kopf ab
weil er aufstand und
sich wehrte

weil er aufstand und
sich wehrte
als die allmacht die
kinder zu
fressen
begann, schnitten
sie ihm die
zunge

und schlugen ihm den kopf ab

es war standrecht
    sagten die pragmatiker
es war notrecht
    sagten die ideologen
es war volksrecht
    sagten die fanatiker

es war unrecht
    sagt das herz

Begegnung

Verschwommene Gesichter
Lächelnd aus weiter Ferne
Erinnern uns plötzlich
An Liebe

affäre

auf einen blick tief
in die augen geschaut

in gedanken dann
ins herz vielleicht

drauf halsüber
kopfeinander um
den hals gefallen

halt
und hemmungslos
umschlungen
gegenseitig

erwürgt

Der labile Künstler

    auf
    den
    ent
    wurf

        folgt
     der
       ver
wurf

Herbst

Auf der nackten Fläche eines Schreibtisches
Liegen
Im fahlen Schein der Lampe
Zerpflückt
Die Federn unserer Flügel von gestern

Wer hebt sie auf?
Bevor die Zeit
Vernebelt von Asche und Staub
Sie uns
Für immer
Entreißt

Heimweg

Ein Mann ging am Abend die Straße entlang. Und als er so dahinschlenderte und in Gedanken versank – Was mach ich zu Hause? Was kommt im Fernsehen? –, da stolperte er aus Unachtsamkeit über einen Stein und schlug der Länge nach hin. Doch als er jetzt wieder aufstehen wollte, noch fluchend über sein Missgeschick, da kam er nicht hoch. Er stutzte und stemmte sich und stampfte und kam einfach nicht hoch.

Da drehte er sich vom Bauch auf den Rücken, ob er sich vielleicht mit den Händen hochziehen konnte. Aber war dies eine gänzlich ungemache Lage, weil er einem dunklen Feind oder Freund die Kehle bot, und er wandte sich wieder.

Er lag auf dem Bauch in der Pfütze des ständigen Regens und kam nicht mehr hoch.

- Wusstest Du denn nicht, wie schwer Du an Deinen Ketten trägst?, fragte ein plötzlicher Schatten.
- Nein, entgegnete der Mann überrascht, das habe ich allerdings nicht gewusst.

Auf Erden nichts Neues

„Einst zog giftiggrüner Nebel
Über blutbefleckten Sand,
Über Krater in Verdun und
An der Marne, im Feindesland.

Dass dies nie mehr wiederkehre,
Brüder, liegt in unsrer Hand!
Brüder, reichet euch die Hände!
Das sei unser Friedenspfand."

Ein Schlachtruf zerfetzt
Die Stille und hetzt
Zwei Hände zu Fäusten doch auf.

Gedanken zersetzend,
Gefühle verletzend,
Sucht man die Zukunft im Lauf.

Im Lauf in die Flucht nur der Feigling;
Im Lauf des Gewehres der Mann.
Im Laufe der Zeit treibt man machtvoll
Den Lauf der Geschichte voran.

In Frieden sich wiegend,
An Werte sich schmiegend,
Träumt man noch immer von Sieg.

Doch selbst hat man Ruhe
Und spart sich die Mühe:
Für uns führen andre den Krieg.

Dort, wo Diktatoren töten,
Dort, wo Kriege heilig sind –
Dort ist jeden Tag Verdun und
Ist die Marne! Doch wer gewinnt?

Giftiggrüner Nebel zieht
Über blutgetränkte Felder.
Hinter jedem, der da stirbt,
Stehen Menschen – stehen Gelder.

Giftiggrüne Nebelschwaden
Über blutgetränktem Land.
Die Geschichte machen wollen,
    Hatten's damals –
    Haben's heute –
    Haben's immer in der Hand.

letzter wille

einmal noch nach der blutroten sonne greifen
    schmecken den wind
    das licht

einmal noch umherziehen, gelassen
    felsen erde gras
    bäume singen hören

einmal noch atmen die weitlosigkeit
    an einer meeresküste
    wo das land sich ins wasser verliert

einmal noch schauen
einmal noch versinken in der welt

einmal noch der duft seidener haut

und
    einmal fortgehen können von hier

Inhalt

Augenzeugen	1
Diese Stadt ist eine Lüge	2
Vis-à-vis	3
Bilanz einer Anfrage	6
Das Warten	7
In die Einsamkeit	10
Die Geschichte vom hinterlistigen Finken	11
innovation	12
drängt zu	14
halbschlaf	15
Ich erschlug eine Fliege. Ein Geständnis	16
neurose	19
Wanderer durch die Nacht	20
und schlugen ihm den kopf ab	22
Begegnung	23
affäre	24
Der labile Künstler	25
Herbst	26
Heimweg	27
Auf Erden nichts Neues	28
letzter wille	30